AF824284

Grundsätze des Akkordvertrages

aus Gerichts-Entscheidungen

für Gerichte, Arbeitgeber und Akkordarbeiter

zusammengestellt von

P. Wölbling,
Magistratsrat zu Berlin.

Berlin 1909.
J. Guttentag, Verlagsbuchhandlung,
G. m. b. H.

Abkürzungen.

AG.	= Arbeitgeber.
BGB.	= Bürgerliches Gesetzbuch.
GG.	= Gewerbegericht — wenn ohne Ortsangabe: GG. zu Berlin. Dieses Gericht ist auch gemeint, wenn nur das Aktenzeichen mitgeteilt ist.
GG. u. KG.	= Das Gewerbe- und Kaufmannsgericht, Monatsschrift des Verbandes deutscher Gewerbe- und Kaufmannsgerichte (früher Das Gewerbegericht).
GO.	= Gewerbeordnung.
K.	= Kammer.
LGZK.	= Landgericht Zivilkammer.
RArbBl.	= Reichs-Arbeitsblatt.
ZPO.	= Zivilprozeßordnung.

* bedeutet, daß das betreffende Urteil in Baums Handbuch für GG. abgedruckt ist. Die Zahlen bedeuten die Namen des Erkenntnisses.

Vorbemerkung.

Der Dienstvertrag der gewerblichen Arbeiter ist zwar im siebenten Titel der Gewerbeordnung behandelt. Dabei werden aber die allgemeinen Grundsätze des Dienstvertrages als bekannt vorausgesetzt. Dasselbe gilt z. B. von den in den Berggesetzen behandelten Dienstverträgen der Bergleute. Wir müssen daher für alle Arten des Dienstvertrages auf das BGB. zurückgehen, welches für gewisse Arbeitergruppen, z. B. die meisten Landarbeiter, die alleinige gesetzliche Grundlage der Dienstverträge bildet.

Der Titel des BGB. über den Dienstvertrag ist nun aber ganz auf den Zeitlohnvertrag zugeschnitten. Bei diesem wird der Lohn lediglich nach der Arbeitszeit berechnet, während beim Akkordlohn — auch Gedinge, Werklohn, genannt — der Lohn nach dem Arbeitsergebnis bemessen wird, ohne daß deshalb der Akkordarbeiter unbedingt für dieses Ergebnis einzustehen hätte. Mit Unrecht hat man die Akkordverträge der gewerblichen Arbeiter als Werkverträge im Sinne des BGB. behandelt, sie sind vielmehr eine besondere Art des Dienstvertrages, für deren Erkenntnis die Rechtsprechung, besonders die der Gewerbegerichte, beim Versagen der Gesetze von großer Wichtigkeit ist.

Man unterscheidet den Akkordvertrag einzelner Arbeiter und den Gruppenakkord oder Kolonnenvertrag, durch welchen einer Mehrzahl von Arbeitern eine bestimmte Arbeit gemeinsam übertragen wird. Der Heimarbeiter wird wohl ausschließlich gegen Akkordlohn beschäftigt.

Der Ausdruck Stücklohn, welcher in den Gesetzen gleichbedeutend mit Akkordlohn gebraucht wird, bedeutet in der Rechtsprechung und im gewerblichen Leben jetzt, daß dem Arbeiter fortlaufend Stücke ohne Beschränkung auf eine bestimmte Zahl übertragen werden.

Während mitunter die Akkordpreise schon beim Eintritt eines Arbeiters in einen Betrieb fest vereinbart werden, sind Arbeitgeber und Arbeiter meist darauf angewiesen, sich von Fall zu Fall über den Gegenstand der Arbeit und den dafür zu zahlenden Preis zu einigen, was nicht ausschließt, daß für den Betrieb ein für allemal bestimmte Grundsätze oder Tarife zur Berechnung der Akkordlöhne bestehen.

Der Akkordlohn ist die herrschende Lohnform unserer Großindustrie. Er erstreckt sich aber auf alle Zweige des Kleingewerbes, den Bergbau, die Landwirtschaft, ja selbst auf das Dienstverhältnis von Beamten und den Heuervertrag der Schiffsmannschaft.

Von großer Bedeutung für den Akkordvertrag sind die Lohnsicherungsbestimmungen, die oft nicht beobachtet werden. Ihre Bedeutung wird meist bei dem Kolonnenvertrag zu wenig gewürdigt. Ihre Anwendung ist allerdings geeignet, die Durchführung dieser Vertragsart, deren Auftreten in der Industrie immer häufiger wird, zu erschweren oder in manchen Fällen unmöglich zu machen. Die Lohnsicherung ist aber sowohl für die Industrie wie für die Arbeiter eine Notwendigkeit. Ein Hauptgrundsatz dieser Sicherung ist, daß jeder Arbeiter in der Lage sein muß, seinen Lohn in bar selbständig zu berechnen. In den Fällen, in welchen dies mit dem Kolonnensystem nicht vereinbar ist, bleibt nur die Möglichkeit des Zeitlohns.

Der Akkord kommt häufig in Verbindung mit Zeitlohn vor. Prämien, auf welche der Arbeiter einen Rechtsanspruch haben soll, sind nach den Grundsätzen des Akkordvertrages zu beurteilen. Bei der Gewinnbeteiligung ist zwar auch der Arbeitserfolg von Wichtigkeit, im Gegensatz zum Akkord steht bei ihr aber der Umfang des Erfolges und die Höhe des sich ergebenden Lohnes nicht von vornherein vertragsmäßig fest.

Vielfache Nachfrage nach den ursprünglich in der „Sozialen Praxis" veröffentlichten Grundsätzen haben die jetzige Herausgabe in einem besonderen Hefte veranlaßt. Falls das Heft Anklang findet, sollen ihm weitere folgen, welche andere Gebiete des Rechtsverhältnisses zwischen Arbeitgebern und Arbeitern behandeln.

Die in Betracht kommenden Gesetzesstellen sind hauptsächlich folgende:

Bürgerliches Gesetzbuch §§ 611—651, 623, 628, 273, 394, 705—744. Gewerbeordnung §§ 114a, 115, 119a, 124a, 134b. Gesetz betr. die Beschlagnahme des Arbeits- und Dienstlohnes, besonders § 3. Zivilprozeßordnung § 850[1]. Preuß. Allg. Berggesetz §§ 80, 80b—d. Seemannsordnung § 80, Handelsgesetzbuch § 549.

Literarisches Material u. a.:

Stadthagen, Arbeiterrecht, IV. Aufl. Schalhorn, Soziale Praxis, XV Sp. 1066 ff. Körsten, Sozialistische Monatshefte Bd. 1 S. 429 ff. Lotmar, Arbeitsvertrag, 1902, 1908. E. Francke, Verhandlungen des 28. dtsch. Juristentages Bd. II. Wölbling, Der Akkordvertrag u. der Tarifvertrag, Berlin 1908 (bei Guttentag). Ders. Gutachten. Verhandl. des 28. dtsch. Juristentags Bd. I. Vgl. dazu Reichs-Arbeitsblatt (RArbBl.) August 1906. Ludwig Bernhard, Die Akkordarbeit S. 197 ff.; derselbe, Verhandl. des 28. dtsch. Juristentages Bd. III S. 511 ff.; derselbe, Handbuch der Löhnungsmethoden, Leipzig 1906, S. 109 ff. u. 125 ff. Meschelsohn, 28. dtsch. Juristentag III. Rümelin, Dienstvertrag und Werkvertrag. Bail, Rechtsverhältnis der Arbeitgeber und Arbeitnehmer, 1904 S. 522 f. Urteile bei Unger, Entscheid. des Gewerbegerichts, Berlin 1898, Nr. 1—19 (zitiert Unger). v. Schulz und Schalhorn, Das Gewerbegericht Berlin (zitiert v. Sch. Sch.). Baum, Handbuch für Gewerbegerichte, 1904. Cuno, Soziale Praxis II Sp. 146. Burchardt, Die Rechtsverhältnisse der gewerblichen Arbeiter, Berlin 1901, S. 21 und 24. v. Schulz, Gewerbegerichtsgesetz S. 35 Anm. 9 zu § 3 und v. Landmann, Gewerbeordnung. Köhne, Archiv für bürgerl. Recht XXIX, 46—72. Hiller GG. K. 6 XIII 353 u. XIV Beilage zu Nr. 1. K. Statistisches Amt, Beiträge für Arbeiterstatistik Nr. 3, 4, 5 u. 8 (zitiert Beiträge). Sigel, Der gewerbliche Arbeitsvertrag 1903.

Akkord mit einem einzelnen Arbeiter.

1. Begriff des Akkordvertrags.

1. Unter Lohnarbeit versteht man im gewerblichen Leben ganz allgemein Zeitlohnarbeit im Gegensatz zur Akkordlohnarbeit, kurz Akkord genannt. 18. 5. 05. Nr. 411. K. 5.

2. Man unterscheidet Akkord- und Stücklohn im engeren Sinne. Unter diesem versteht man die Vereinbarung eines bestimmten Preises für das einzelne Stück, ohne Übertragung einer bestimmten Zahl einzelner Stücke, welche Zahl ein einheitliches Ganzes bilden soll, oder im Fall der Benennung einer Zahl, ohne daß die Zahl nach der erkennbaren Parteiabsicht wesentlich sein soll. 22. 9. 04. 860. 04. K. 5. (Die Beteiligten sprechen öfter von einem sog. Lohnakkord. Sie verstehen darunter ein Zwischending zwischen Zeitlohn und Akkordvertrag, verbinden damit aber keinen klaren, für die Rechtsprechung verwertbaren Begriff.)

3. Die Akkordvereinbarung ist nicht eine bloße Lohnberechnungsart, sondern ein selbständiger eigenartiger Dienstvertrag. 4. 8. 04. 690. K. 5.

4. Der Akkordvertrag ist kein Werkvertrag, sondern im wesentlichen ein eigenartiger Dienstvertrag, der im bürgerlichen Gesetzbuch nicht erwähnt ist und nur vor-

kommt zwischen Parteien, die in einem Dienstverhältnisse zueinander stehen. Es ist niemals die Absicht der Parteien, durch Übernahme einer Akkordarbeit das bestehende Dienstverhältnis aufzuheben und das Verhältnis eines Bestellers und Unternehmers derart zu begründen, daß der Arbeitgeber Besteller und der Arbeiter Unternehmer wird. Der Arbeitgeber will vielmehr Dienstberechtigter bleiben: er will die Leitung der Arbeit in der Hand behalten; die Bestimmungen seiner Arbeitsordnung über Beginn und Ende der Arbeitszeit, über Pünktlichkeit, Behandlung der Werkzeuge, Führung der Arbeitsbücher, über das Verhalten während der Arbeit sollen in gleicher Weise für Akkord- wie für Lohnarbeiter gelten. Wesentlich ist auch, daß der Akkordarbeiter die Arbeit (im Zweifel) persönlich leisten muß, während dies beim Werkvertrag begrifflich unerheblich ist. Anderseits liegt es dem Arbeiter durchaus fern, die Gefahr des Werkes zu übernehmen, wie der Unternehmer beim Werkvertrage (§ 644 BGB.). Er verpflichtet sich lediglich, die Arbeit nach Vorschrift unter Beobachtung der Regeln seines Handwerks auszuführen. Darüber hinaus verbindet er sich nicht, wie der Werkmeister nach § 633 BGB., das Werk so herzustellen, daß es nicht mit Fehlern behaftet ist, die den Wert oder die Tauglichkeit zu dem gewöhnlichen oder den nach dem Vertrage vorausgesetzten Gebrauch aufheben oder mindern. Material und Werkzeug liefert beim Akkordvertrag regelmäßig der Arbeitgeber, beim Werkvertrag meist der Unternehmer. — Die Verpflichtung des Akkordarbeiters besteht lediglich in der Leistung von Diensten, nicht in der Herbeiführung eines Erfolges. Die Erreichung des vorgestellten Erfolges gibt nur die Richtschnur ab für die Art der zu leistenden Dienste. Sie müssen derartige sein, daß dadurch unter gewöhnlichen Verhältnissen der Erfolg erreicht wird. Die Erreichung des Erfolges ist ferner der Zeitpunkt, bis zu welchem unter gewöhnlichen Voraussetzungen die Arbeit zu leisten ist. Hieraus ergibt sich eine gewisse Annäherung des Akkordvertrags an den Werkvertrag, aber keine Gleichsetzung mit demselben, wenngleich der Akkordarbeiter mit dem Unternehmer beim Werkvertrag insofern eine gewisse Ähnlichkeit hat, als er eine größere Freiheit in der Einteilung und der Art der Ausführung der Arbeit hat, ohne aber — und darin liegt wieder der Unterschied — grundsätzlich, wie der Unternehmer, von den Anweisungen des Arbeitgebers bei der Art der Ausführung frei zu sein.

Der Umstand, daß der Erfolg den Maßstab für die Höhe der Vergütung abgibt, wie beim Werkvertrag, ist unerheblich, denn für den Unterschied von Werk- und Dienstvertrag ist die Weise der Berechnung der Vergütung und die Modalität ihrer Zahlung kein sicheres Merkmal (Dernburg, Bürgerl. Recht 1901 Bd. II² § 317 S. 431).

Eines der wesentlichsten Momente des Dienstvertrages, daß er ein persönliches Abhängigkeitsverhältnis beider Vertragsparteien von einer gewissen, sei es auch nur kurzen Dauer begründet, aus welchem für den Dienstberechtigten sich eine umfangreiche Fürsorgepflicht zugunsten des Dienstpflichtigen und für diesen die Pflicht zur persönlichen Treue und Einsetzung seiner vollen Arbeitskraft sich ergibt (vgl. Dernburg a. a. O. S. 393 zu II und III), liegt auch beim Akkordvertrag vor.

Insbesondere tritt hier, was die Dauer des Verhältnisses anbetrifft, die Lösung desselben nicht mit der Fertigstellung der Arbeit, sondern nur auf Kündigung ein. (Anmerkung, d. h. für die Regel!)

Selbstverständlich bezweckt der Akkordvertrag einen bestimmten Erfolg. Dies ist aber die Absicht eines jeden Vertrags. Danach würde jeder Vertrag ein Werkvertrag sein (Goldmann und Lilienthal, Das BGB. 1903 I S. 636 Anm. 19). Es kommt aber darauf an, ob der durch Arbeit oder Dienstleistung herbeizuführende Erfolg zum Gegenstande des Vertrags gemacht ist. Das ist aber beim Akkordvertrag nicht der Fall. 26. 1. 05 Nr. 1238. K. 5. 23. 2. 05 Nr. 1280. 04; 16. 2. 05 Nr. 10. Hamburg 16. 5. 01*. 125.

5. Die Akkordarbeit stellt eine eigenartige Form des Dienstvertrags dar, derzufolge sich der Dienstberechtigte verpflichtet, dem Dienstpflichtigen fortgesetzt, während der Dauer des Dienstvertrags die Anfertigung von Arbeiten bestimmter im Dienstvertrage vereinbarter Qualität, also im vorliegenden Falle Klempnerarbeiten für einen in jedem Falle im voraus zu vereinbarenden Preis zu übertragen, während der Dienstpflichtige es übernimmt, derartige Arbeiten gemäß der im besonderen Falle zu treffenden Vereinbarung auszuführen. Dabei kann der Dienstpflichtige die angetragene Vereinbarung ablehnen, wenn der angebotene Preis erheblich hinter einem gewissen vorausgesetzten und meist bei Eingehung des Dienstvertrags zum Ausdruck gebrachten Durchschnittsverdienst zurückbleibt. 16. 2. 05 Nr. 10. K. 5.

6. Akkordlohn ist Vergütung nach dem Maße und Erfolge der geleisteten Arbeit, im Gegensatze zu dem lediglich nach der Arbeitszeit berechneten Stundenlohn. L. G. Hamburg 30. 9. 01*.

Damit ist nicht gesagt, daß der Arbeiter für den Erfolg einstehen muß, was Stettin* 134 verneint.

II. Verhältnis zwischen Akkordlohn und Zeitlohn.

7. Wenn nach der Parteiabsicht eine gegen Akkordlohn übernommene Arbeit unter gewissen Umständen nach Stundenlohn bezahlt werden soll, so kommen im Falle des Eintritts dieser Umstände lediglich die Grundsätze des Zeitlohnvertrags in Anwendung (§ 614 BGB. zweiter Satz). 26. 11. 03 Nr. 1076 und vom 21. 9. 05 Nr. 805. K. 5.

8. Die nach den ausdrücklichen Bestimmungen des § 634 BGB. beim Werkvertrag zugelassene Minderung der Vergütung findet beim Dienstvertrag für den Regelfall — sc. des Zeitlohnvertrages — keine Anwendung. Vielmehr ist die nach Zeitabschnitten vereinbarte Vergütung zu zahlen, wenn während der Dauer des in Betracht kommenden Zeitabschnittes Dienste der vereinbarten Art geleistet sind, mögen auch die Dienste mangelhaft oder zu langsam geleistet sein. Urteil vom 26. 11. 03 Nr. 1076; 6. 3. 07. K. 5. 256. 03. Dagegen v. Sch.-Sch. § 181 u. Soz. Pr. 05 Sp. 1067.

9. Bei Vereinbarung von Stundenlohn müssen die Stunden, in denen die vereinbarten Dienste geleistet sind, bezahlt werden, wenn auch das Arbeitsstück bei Fortsetzung der Arbeit durch Schuld des Arbeiters ganz oder teilweise verdorben wird. 21. 9. 05 Nr. 805. K. 5. Charlottenburg 24. 4. 00*. 127.

10. Falls eine Vereinbarung über die Höhe des Akkordlohnes nicht vorliegt, ist die übliche Vergütung in Zeitlohn — d. h. nach Zeit berechnet — zu zahlen. Urteil vom 16. 2. 05 Nr. 10 und vom 16. 2. 05 Nr. 11; 15. 8. 07

K. 5. 862. Dem üblichen Zeitlohn ist aber nicht der für das betreffende Dienstverhältnis allgemein — für den Fall von Zeitlohnarbeit — vereinbarte Zeitlohn gleichzusetzen. 5. 8. 04 Nr. 734.

Grundsätzlich kann der Akkordarbeiter Überstunden nicht bezahlt verlangen, doch ist dies bisweilen ortsüblich, Wölbling Akkord u. Tarifvertrag 148, dagegen Koehne 59, auch ist bisweilen besondere Bezahlung für Warten auf Lohn ortsüblich oder durch Tarifvertrag festgesetzt. Beiträge Nr. 4, 134. Koehne 19. Sigel 96, 97. Bestimmt die Arbeitsordnung, daß jeder Arbeiter am Sonnabend seinen Platz zu reinigen hat, so kann der Akkordarbeiter dafür besondere Bezahlung verlangen. 1499. 08. K. 5.

III. Abschluß des Akkordvertrages.

11. Der Abschluß erfolgt durch mündliche Vereinbarung, aber auch durch Hingabe und Annahme eines Akkordzettels. 25. 8. 1904. Nr. 734. 04. K. 5; durch schlüssige Handlungen stillschweigend. Charlottenburg 24. 4. 04*. 127.

12. Allgemeine Akkordbedingungen einer Fabrik, welche erst nach Beendigung einer Akkordarbeit festgestellt sind, können auf diese nicht angewendet werden. Dagegen können sie eine Klausel künftiger Akkordverträge bilden. 30. 3. 05. Nr. 213. K. 5.

13. Wird einem Arbeiter wiederholt ohne weitere Abrede eine gleichartige Arbeit übertragen, die er bereits früher im Akkord geleistet hat, so gilt Akkordarbeit als vereinbart. 23. 2. 05. Nr. 39. K. 5.

14. Der Arbeitgeber kann den Akkordlohn nicht einseitig herabsetzen. Dresden* Nr. 131, Offenbach* 130, auch Unger Nr. 1.

15. Der Arbeitgeber kann dem Akkordarbeiter keinen Helfer aufzwingen. Unger Nr. 5, dagegen Nr. 4. Er kann ihn nicht an eine andere Maschine stellen, an der der Arbeiter weniger verdient. 10. 12. 08. K. 5. 1897.

16. Wenn bei Übernahme einer bereits angefangenen Arbeit dem zweiten Arbeiter die Höhe des noch zu zahlenden Restakkordbetrages nicht angegeben war, so ist Zeitlohn zu zahlen. 15. 10. 08. 1196 K. 5.

17. Der von der Arbeitsordnung abweichende Akkordzettel geht dieser vor. 15. 8. 07. K. 5. 863.

18. Der Akkordarbeiter kann die ihm angetragene Akkordvereinbarung ablehnen, wenn der angebotene Preis erheblich hinter dem vorausgesetzten, meist bei Eingehung des Dienstvertrages zum Ausdruck gebrachten Durchschnittsverdienst zurückbleibt. Urteil vom 16. 2. 05. Nr. 10. K. 5. und 20. 8. 05 — 1. 8. 04. Nr. 782. K. 5.

IV. Pflichten des Akkordarbeiters.

19. Der Akkordarbeiter muß die im allgemeinen vereinbarten Dienste unter Beobachtung der erforderlichen Sorgfalt und der Regeln seines gewerblichen Berufes so ausüben, daß ein bestimmtes Erzeugnis zustande kommt. Kann der Akkordarbeiter nicht dartun, daß ein gewolltes Arbeitserzeugnis der Vereinbarung entspricht, so kann er in anderer Weise nachweisen, daß er die vereinbarten Dienste geleistet hat und daß der Mangel nicht auf sein Verschulden zurückzuführen ist. 2. 2. 05. Nr. 1431; vom 2. 2. 05. Nr. 1409. 04; 1. 10. 03. Nr. 932. K. 5.

20. Ist vereinbart, daß solche Stücke zu bezahlen

sind, welche erweislich ohne Verschulden des Arbeiters Ausschuß geworden sind, so trifft die Beweislast für das Fehlen eines Verschuldens den Arbeiter. Urteil vom 3. 11. 04. Nr. 866. 04. Mangels einer solchen Abrede ist der Beweis für das Verschulden des Arbeiters bei Ausschuß dem Arbeitgeber auferlegt im Urteil vom 25. 2. 04. Nr. 110.

Der Akkordarbeiter haftet nur für nachgewiesenes Verschulden. Frankfurt a. M. 22. 1. 03.

21. Der Akkordarbeiter muß Mängel, die auf sein Verschulden zurückzuführen sind, selbst beseitigen. 3. 3. 04. Anmerkung: Der Unternehmer beim Werkvertrag muß auch solche Mängel auf seine Kosten beseitigen, die er nicht verschuldet hat. § 633 BGB. Er kann diese Beseitigung aber wegen Kostspieligkeit ablehnen. Der Akkordarbeiter hat ein Ablehnungsrecht nicht, kann aber Vergütung verlangen, wenn ihn kein Verschulden trifft. — Die vom Meister zugestandene Beseitigung von Mängeln kann durch den Arbeitgeber nicht versagt werden. 17. 12. 08. K. 5. Für Lieferung von Ersatzstücken an Stelle von sogenannten Ausschußstücken ist im Zweifel keine Vergütung zu zahlen. 25. 2. 05. Nr. 110. 04.

22. Nach erfolgter — auch rechtswidriger — Entlassung hat der Arbeiter keine Verpflichtung, übernommene Akkordarbeit auf Verlangen des Arbeitgebers fortzusetzen. — Durch die Ablehnung begibt er sich aber des Rechts auf Zahlung des vollen Akkordlohnes gemäß § 615 BGB. 13. 2. 04. Nr. 93.

23. Erfahrungsmäßig zwecks Beseitigung auch unverschuldeter Mängel erforderliches mehrfaches Auseinandernehmen eines fertig zusammengesetzten Akkord-

stückes gehört im Zweifel zur übernommenen Akkordarbeit. 8. 6. 05. Nr. 520.

24. Abnahme einer Akkordarbeit gilt nicht als Billigung, wenn Fehler erst nachträglich hervortreten. 3. 3. 04.

25. Der Akkordarbeiter — z. B. Maler — ist persönlich zur Arbeitsleistung verpflichtet. 28. 2. 96*, 117. Unger 13.

26. Der Akkordarbeiter muß die im Betriebe übliche Arbeitszeit innehalten. LG. I Berlin 10. 5. 05*, 119.

27. Akkordarbeiter ist nicht zur unentgeltlichen Reinigung der Werkstatt verpflichtet. Hamburg 18. 4. 03. GG. IX.

V. Verpflichtungen des Arbeitgebers.

28. Übernimmt der Akkordarbeiter eine Anzahl gleicher Stücke, so liegt im Zweifel eine teilbare Leistung vor, so daß der Arbeitgeber für jedes einzelne Stück den vereinbarten Stücklohnbetrag zahlen muß und nicht mit dem durch fehlerhafte Stücke verursachten Schaden aufrechnen kann. 20. 3. 04. Nr. 118. Ist aber der Stücklohnbetrag nur unter der Voraussetzung der Herstellung eines einheitlichen Gesamtakkordes bewilligt, so ist bei nur teilweiser Fertigstellung die Vergütung für die gelieferten Teile oder Stücke besonders zu berechnen. 15. 6. 04. Nr. 619. 04. K. 3. Ein einheitlicher Akkord ist u. a. anzunehmen, wenn für eine Anzahl Stücke ein Gesamtpreis ausgeworfen ist, besonders, wenn laut Aufdruck auf dem Akkordzettel die Lösung des Arbeitsverhältnisses vor Vollendung der Gesamtleistung ausgeschlossen ist. 29. 11. 04. Nr. 1123. 04. K. 5.

29. Akkordlohn ist auch im Falle der Lösung des

Arbeitsverhältnisses erst fällig nach Fertigstellung der Arbeit, 4. 5. 05. K. 5. Nr. 347. 05, besonders im Falle des Vertragsbruches seitens des Akkordarbeiters, K. 5. 22. 6. 05. Nr. 483, es sei denn, daß der Arbeitgeber überhaupt von der Fertigstellung der Akkordarbeit Abstand nimmt. Ebenda s. auch 6. 5. 05. K. 5. Nr. 229.

30. Ist vereinbart, daß angefangene Akkordarbeit bei Lösung des Arbeitsverhältnisses im Zeitlohn zu bezahlen ist, so muß für die Zeit, während welcher der Akkordarbeiter die Akkordarbeit vorgehabt hat, der vereinbarte Zeitlohn gezahlt werden, sofern nicht geltend gemacht wird, daß der Arbeiter Dienste der vereinbarten Art in der betreffenden Zeit überhaupt nicht geleistet hat. 26. 11. 03. K. 5. Nr. 1076.

31. Die Vereinbarung: Unvollendete Akkordarbeiten werden vom Meister abgeschätzt und entsprechend vergütet, ist zulässig. 5. 1. 05. K. 5. Nr. 1281. 04. Die durch Arbeitsordnung dem Meister übertragene Abschätzung des Wertes einer durch willkürliche Entlassung des Arbeiters unvollendet gebliebenen Akkordarbeit muß nach billigem Ermessen erfolgen und unterliegt der Nachprüfung durch das Gericht. 15. 12. 08. K. 5.

32. Bei teilweiser Akkordleistung ist grundsätzlich nur ein Teil des vereinbarten Akkordlohnes zu zahlen. 6. 1. 05. K. 5. Nr. 1281. 04 und viele andere.

33. Die Abrede, „wer ohne nachweislich zwingenden Grund seinen Akkord nicht fertig macht, geht aller Ansprüche auf Entschädigung verlustig", hat die Bedeutung eines im voraus fixierten Schadensersatzes, mit welchem für den Fall des Vertragsbruchs gegenüber dem verdienten Teil des Akkordlohnes aufgerechnet werden soll

und ist daher unzulässig. 3. 9. 03. K. 5. Nr. 871. Unger 7, dagegen 11. 12. 06 K. 2 RABl. VI 1152. Verwirkung des Akkordlohnes ist in Großbetrieben nur in dem Umfange von § 134 GO. zulässig. 22. 6. 05. Nr. 483. Vgl. auch Unger Nr. 7.

34. Die Abrede: „Jeder Arbeiter, der eine übernommene Akkordarbeit durch eigenes Verschulden, wozu auch Verstöße gegen die Arbeitsordnung gehören, nicht beendet, hat für die verwendete Zeit nur Anspruch auf den ortsüblichen Tagelohn", ist zulässig. 16. 6. 04. K. 5. Nr. 461. 04. Ebenso ist die Abrede zulässig, daß der Arbeiter nur soviel vom Akkordpreis erhält, als nach Bezahlung des den Akkord fertigstellenden Arbeiters übrig bleibt. Unger 10.

35. Bei der Garantie eines Minimalverdienstes bei Akkordarbeit ist zu unterscheiden, ob nur bei der Berechnung der Akkordpreise der Minimalverdienst zugrunde zu legen ist, oder ob stets für die auf den Akkord bei sorgfältiger Arbeit verwendete Zeit nach dem garantierten Minimalverdienst zu bezahlen ist. 4. 5. 05. K. 5. Nr. 193.

36. Lohngarantie bedeutet noch keine Zusicherung von Abschlagszahlungen. K. 5. 26. 11. 08.

37. Mehrarbeit infolge mangelhafter Vorbereitung der Akkordarbeit — falsche Lage eines zu entladenden Kahnes — ist zu bezahlen. 26. 6. 04. K. 5. Nr. 64. RArbBl. III. 717.

38. Vereinbarte Abschlagszahlungen stehen den vereinbarten Lohnzahlungen im Sinne von § 124[4] GO. gleich. 15. 12. 04. Nr. 1179. 04. K. 5 und 6. 5. 05. Nr. 229. Abschlagszahlungen können nur bis zur Höhe der vereinbarten Akkordsumme verlangt werden. 3. 12. 08.

K. 5. 1397. Im übrigen sind sie aber unabhängig von dem Wert der jedesmaligen Teilleistung.

39. Sind falsche Eintragungen des Arbeiters über Abschlagszahlungen durch den Meister veranlaßt, so ist der Arbeitgeber, auf dessen Seite das überwiegende Verschulden liegt, beweispflichtig für die erfolgte Zahlung. 3. 12. 08. K. 5. 1397.

40. § 616 BGB. findet auf Akkordarbeiten keine Anwendung. Stettin 25. 2. 02. [Dagegen Lotmar II. 642, Koehne 52.] Sie können daher Zeugengebühren fordern.

VI. Fortgesetzte Beschäftigung.

41. Der Akkordarbeiter hat einen Anspruch auf ununterbrochene Fortsetzung des Dienstverhältnisses durch Ausführung von Akkordarbeit. Der Arbeitgeber kommt in Gläubigerverzug, wenn er dem Arbeiter nicht genügend Akkordarbeit zu den nach dem Dienstvertrage vorausgesetzten Preisen anbietet und muß alsdann gemäß §§ 615, 612 BGB. die übliche Vergütung — und zwar falls diese für Akkordarbeit nicht festgestellt werden kann — in Zeitlohn bezahlen. 16. 2. 05. Nr. 11. K. 5. — 27. 6. 03. Nr. 559. K. 5. Stettin* 134 Unger 2 u. 3.

42. Falls die Fertigstellung einer durch Krankheit des Arbeiters unterbrochenen Akkordarbeit für den Arbeitgeber unmöglich oder ohne Wert ist, muß er andere Akkordarbeit anbieten. Urteil vom 12. 2. 05. Nr. 10. K. 5. Eine kurze Krankheit berechtigt den Arbeitgeber nicht, dem Akkordarbeiter die Arbeit abzunehmen, 12. 11. 08, K. 5, 1322, wohl aber, wenn bei z. B. fünfwöchiger Krankheit das weitere Warten unmöglich ist. 21. 5. 08. K. 5. 592.

43. Unterbrechung ist zulässig wegen kurzzeitiger not-

wendiger Reparatur — auch einer nicht vom Akkordarbeiter benutzten Maschine, wenn die Ausführung der Reparatur durch andere Arbeiter unwirtschaftlich wäre. 21. 5. 08. K. 5. 499. Unterbrechung durch Naturereignisse Unger 3, III.

44. Der Arbeitgeber muß, besonders wenn der Arbeiter den rechtlich begründeten Wunsch geäußert hat, das Arbeitsverhältnis zu beenden, alles tun, was erforderlich ist, um den Arbeiter zur Fertigstellung einer übernommenen Akkordarbeit in den Stand zu setzen. 22. 12. 04. Nr. 1245. K. 5.

45. Sorgt der Arbeitgeber nicht rechtzeitig für das zur Akkordarbeit nötige Material, so kommt er in Gläubigerverzug. 27. 6. 03 u. 14. 3. 07. K. 5. 290. Nr. 559. K. 5. Er darf in der Regel Akkordarbeit nicht vergeben, bevor das Material vorhanden. Er muß nötigenfalls mit dem Materiallieferanten feste Lieferfrist vereinbaren. 30. 3. 05. Nr. 107. 05. — 23. 2. 05. Nr. 1280. 05. K. 05. — 10. 12. 03. Nr. 1167. Dasselbe gilt von der Lieferung von Werkzeug und Maschinen. 22. 9. 04. Nr. 860. 04. — 1. 10. 03. Nr. 932. Das Material ist an den Arbeitsplatz zu liefern. 10. 12. 03. Nr. 1167. 03. Nicht rechtzeitige Lieferung von Material oder Werkzeugen begründet einen Schadensersatzanspruch des Arbeiters für den Zeitverlust. 1. 9. 04. Nr. 782. 04. Ein Akkordarbeiter, der trotz ungenügender Materiallieferung mit der Akkordarbeit beginnt, genügt damit unter Umständen der Rechtspflicht des § 254 BGB. auf möglichste Verminderung des Schadens, entsagt daher nicht seines Rechts auf Schadensersatz. 10. 12. 03. Nr. 1167. K. 5.

46. Aussetzen. Kommen die Parteien überein, die Akkordarbeit wegen Materialmangel zu unterbrechen, so liegt darin die Abrede einer Unterbrechung auf unbestimmte oder auf eine mit Rücksicht auf die Verhältnisse beider Vertragsparteien angemessene, nicht nach dem Belieben des Arbeitgebers zu bemessende Zeit. Der Arbeiter kann durch das Verlangen der Fortsetzung der Akkordarbeit — sc. ev. nach Ablauf der angemessenen Zeit — den Arbeitgeber in Verzug setzen. 30. 3. 05. Nr. 107. K. 5.

VII. Direktionsrecht des Arbeitgebers.

47. Der Arbeitgeber darf eine notwendige oder zweckmäßige Unterbrechung der Akkordarbeit — aber nicht willkürlich — anordnen, soweit dadurch der Anspruch des Arbeiters auf die vereinbarte Vergütung nicht wesentlich geschmälert werden würde. 22. 12. 04. Nr. 1245. K. 5. — 7. 1. 05. Nr. 1297. K. 5.

48. Der Dienstberechtigte hat auch beim Akkordvertrage die Befugnis fortgesetzter Einwirkung auf die Leistung des Dienstverpflichteten, durch welche er dahin wirken kann, daß ihm die vereinbarte Gegenleistung tatsächlich geliefert wird. — Falls der Verpflichtete sich dieser Einwirkung widersetzt, d. h. falls er sich beharrlich weigert, der Aufforderung zur Leistung der ihm nach dem Dienstvertrage obliegenden Verpflichtung, wozu auch Fleiß gehört, nachzukommen, kann der Arbeitgeber ihn entlassen (§ 123³ GO.) 26. 11. 03. Nr. 1076. 03. — 15. 12. 04. Nr. 1177. K. 5.

49. Der Akkordarbeiter muß der Anweisung des Arbeitgebers, die Arbeit liegen zu lassen, stets nach-

kommen — doch kann der Arbeitgeber durch eine solche Anweisung in Gläubigerverzug kommen (§ 615 BGB.). 4. 8. 01. Nr. 690.

VIII. Aufrechnung. Zurückbehaltung. Verwirkung des Akkordlohnes.

50. Der Arbeitgeber kann gegenüber dem Akkordlohn für ein ordnungsmäßig geliefertes Stück in dem Umfange des Lohnbeschlagnahmeverbots nicht mit einer Schadensersatzforderung wegen mangelhafter Bearbeitung eines anderen Stückes aufrechnen. 1. 7. 05. Nr. 698. 05.

51. Soweit Aufrechnung gegenüber dem Akkordlohn unzulässig, gilt dies auch von der Zurückbehaltung gemäß § 276 BGB. 29. 11. 04. Nr. 1123. 11. 5. 05. 3. 12. 08. K. 5.

52. Die Bestimmung einer Arbeitsordnung, wonach ein Akkordarbeiter, wenn er die Arbeit verläßt, ohne daß ihm die Gründe des § 124 GO. zur Seite stehen, seines Lohnanspruchs bis zur Höhe seines durchschnittlichen Wochenlohnes verlustig geht, ist zulässig. 27. 7. 05. Nr. 650.

53. Jedes Akkordabkommen im Rahmen eines Dienstvertrags ist ein selbständiges Rechtsverhältnis im Sinne von § 273 BGB. Posen 26. 2. 09. Die Abrede, daß der vor Beendigung des Akkordes die Arbeit niederlegende Arbeiter keinen Anteil am Überschuß hat, ist gültig. Charlottenburg 30. 3. 09.

54. Die Bestimmung, Ausschuß wird nicht bezahlt, zulässig nach 21. 4. 99 Nr. 354 K. 5. II. 433.

55. Falsche Angaben des Akkordarbeiters auf dem

Akkordzettel vernichten seinen Akkordanspruch nicht ohne weiteres. 3. 12. 08 K. 5. 1397.

56. Eine Bestimmung der Arbeitsordnung, wonach Einwendungen gegen die Lohnberechnung am folgenden Arbeitstage bis mittags zwölf Uhr geltend zu machen seien, schließt die nachträgliche Geltendmachung einer nicht zur Verrechnung angemeldeten Forderung nicht aus. 15. 9. 04. Nr. 773. K. 5.

IX. Kündigung.

57. Die Akkordabrede geht in jedem einzelnen Falle als Sonderabrede den Bestimmungen der Arbeitsordnung, soweit sie ihnen widerspricht, vor. Daher kann von dem durch allgemeine Vereinbarung oder Arbeitsordnung begründeten Recht der jederzeit ohne Innehaltung einer Kündigungsfrist zulässigen Lösung des Arbeitsverhältnisses nur unbeschadet der Rechte aus Vereinbarung eines Akkordes Gebrauch gemacht werden, also zum Zeitpunkt der Beendigung der Akkordarbeit. 27. 6. 03. Nr. 559. — 30. 5. 05. Nr. 242. K. 5. — 6. 4. 05. Nr. 99. — 14. 3. 07. K. 5. 271. Posen 26. 2. 09, vgl. Unger 11 u. 12. Die Akkordabrede gibt dem Arbeitsverhältnisse in einem gewissen Sinne eine bestimmte Dauer. 23. 2. 05. Nr. 1280. 04. K. 5.

58. Wenn eine Arbeitsordnung von einem schuldhaften Nichtbeenden der Akkordarbeit spricht, so schließt sie das Recht der jederzeitigen Lösung des Dienstvertrags während der Dauer einer Akkordarbeit aus. 4. 8. 04. Nr. 690. 04. — 17. 11. 04. Nr. 1084. 04.

59. Die Bestimmung: „Beiden Teilen ist gestattet, ohne vorherige Kündigung und ohne Angabe der Gründe

das Arbeitsverhältnis jederzeit zu lösen. Akkordarbeiter jedoch müssen die ihnen angegebene Arbeit erst beendigen oder müssen mit der zu vereinbarenden Lohnzahlung einverstanden sein, wenn sie aus den in §§ 123 bis 124e der GO. vorgesehenen Gründen entlassen werden", ist gültig. Sie enthält keine Kündigungsfrist und ist so aufzufassen, daß auch der Arbeitgeber eine Lösung des Arbeitsverhältnisses während der Dauer der Akkordarbeit, abgesehen von dem gesetzlichen Falle der §§ 123 bis 124a GO., nicht vornehmen darf. 25. 11. 04. Nr. 1214. 04. Dagegen LG. I Berlin ZK. 8 29. 1. 01.

Die Arbeitsordnung kann gültig bestimmen, daß der Arbeiter keinen Anteil am Akkordüberschuß erwirbt, wenn er vor Beendigung des Akkords ordnungsmäßig ausscheidet, während der Arbeitgeber ihn jederzeit entlassen darf und nur den bis dahin erarbeiteten Überschuß auszukehren braucht. BGB. § 138. Hamburg 21. 1. 05.

60. Die allgemeinen gesetzlichen Gründe für die Lösung eines Dienstvertrages, insbesondere des gewerblichen — ohne Innehaltung einer Kündigungsfrist, finden auch auf den Akkordvertrag Anwendung. 23. 2. 05. Nr. 1280. 04. — 3. 3. 04. Nr. 135. — 6. 4. 05. Nr. 1089. 15. 12. 04. Nr. 1177.

61. Der Akkordarbeiter kann nach § 124[4] GO. die Arbeiten nur dann sofort niederlegen, wenn die Nichtbeschäftigung eine dauernde, wiederholte oder verschuldete ist. LG. Gera ZK. 2, 7. 10. 00*. 292.

Der Akkordarbeiter kann wegen Lieferung mangelhaften Ablegesatzes nur erhöhten Lohn, nicht Aufhebung des Dienstverhältnisses gemäß § 124[4] GO. verlangen. Königsberg* 268.

Akkordarbeiter kann Entschädigung wegen nicht ausreichender Beschäftigung nur verlangen, wenn er Arbeit deswegen niederlegt. Rixdorf 22. 3. 00*. 295.

62. Akkordlohn kein fester Bezug nach § 133a Kammergericht 8. ZS. 4. 7. 00. RG. 7 ZS. 72 7. 11. 96*. 341, 342.

63. Beharrliche Weigerung liegt vor, wenn der Akkordarbeiter trotz wiederholter Aufforderung so mangelhaft arbeitet, daß darin seine Absicht, schlecht zu arbeiten, zu erblicken ist. 29. 8. 09. 802 K. 5.

Die Verweigerung einer im Akkord nicht vorgesehenen außergewöhnlichen Mehrarbeit ist keine ungerechtfertigte. Frankfurt a. M.* 133.

64. Bei Kündigungsausschluß darf der Arbeitgeber nicht durch Einlegen von Lohnarbeit die Vollendung der Akkordarbeit auf erhebliche Zeit hinausschieben und dadurch den Arbeiter in der Ausübung seines Rechtes, den Arbeitsvertrag zu lösen, beeinträchtigen; Kündigungsausschluß erhöht daher auch die Pflicht des Arbeitgebers zu pünktlicher Materiallieferung. 30. 3. 05. Nr. 107. K. 5.

X. Unmöglichkeit der Erfüllung.

65. Ein Arbeiter, welcher, um die Herabsetzung der Akkordpreise zu vermeiden, nicht sämtliche in einer bestimmten Zeit von ihm gefertigten Akkordarbeiten angibt, macht sich des Betruges nicht schuldig. § 123² GO. 15. 9. K. 5. Nr. 773 04.

66. Die Vertragsklausel: „Wird die Akkordarbeit nicht beendet, so erhält der Arbeiter, falls ihn kein Verschulden trifft, für die geleistete Arbeit eine seinem Durch-

schnittsverdienst entsprechende Entschädigung, andernfalls nur den ortsüblichen Tagelohn", begründet kein willkürliches Rücktrittsrecht, sondern nur ein solches für den Fall der Unmöglichkeit der Erfüllung. 23. 2. 05. Nr. 1280. Ebenso die Bestimmung: „Jeder Arbeiter, der eine übernommene Akkordarbeit ohne sein Verschulden nicht beenden kann, erhält eine auf Grund seines durchschnittlichen Arbeitsverdienstes zu bemessende Entschädigung." 9. 3. 05. Nr. 99. K. 5.

Der Akkordarbeiter kann wegen Unmöglichkeit der Erfüllung vom Akkordvertrage zurücktreten, wenn der verabredete Akkordpreis nicht ausreicht, um davon den jederzeit notwendigen Unterhalt des Arbeiters oder seiner Familie zu bestreiten und dem Arbeiter anderweite Mittel zur Bestreitung dieser notwendigen Bedürfnisse fehlen. 14. 9. 05. Nr. 971. K. 5.

67. Zahlungsschwierigkeiten des Arbeitgebers begründen an sich keine Unmöglichkeit, den Akkordvertrag zu erfüllen. 24. 8. 04. Nr. 690. 05. K. 5.

XI. Anfechtung.

68. Der Akkordarbeiter kann seine auf Übernahme einer Akkordarbeit gerichtete Erklärung dann wegen Irrtums anfechten, wenn er bei Übernahme der Arbeit weder ein Modell, noch eine ausreichende Zeichnung des zu fertigenden Stückes gesehen oder gekannt hat, oder wenn die Arbeit erhebliche Schwierigkeiten aufweist, welche er weder kannte, noch am Modell sehen konnte. 14. 9. 05. Nr. 971. K. 5. Keine Anfechtung wegen zu niedriger Berechnung des Akkordes. Unger 6.

69. Der Akkordvertrag ist wegen Fehlens der erforder-

lichen vorausgesetzten und angegebenen Fähigkeiten des Arbeiters anfechtbar (§ 119 BGB.), jedoch muß der Arbeitgeber den Arbeiter vor der Übertragung der Akkordarbeit auf seine Fähigkeiten prüfen, es sei denn, daß eine absichtliche Täuschung vorliegt. Poser 26. 2. 09.

70. Nach Billigung und Abnahme einer Akkordarbeit kann der Arbeitgeber nicht mehr mit dem Einwand gehört werden, er sei durch unrichtige Eintragungen der Arbeiter in die Akkordzettel getäuscht worden (§§ 123, 141, 144 BGB.).

71. Bloße im Vertrage nicht ausgedrückte Erwartungen und Vorstellungen sind kein Anfechtungsgrund. 6. 6. 04. 570 K. 3 RABl. III 898.

72. Der Arbeiter kann den vollen Akkordlohn für gelieferte aber nicht rechtzeitig geltend gemachte Akkordarbeiten verlangen. GG. 3. VI. 08 1307 K. 5.

73. Anerkennung der Richtigkeit einer Akkordabrechnung durch den Arbeiter schließt deren Anfechtung aus. 9. 8. 05. KG. 920 RABl. V. 476.

XII. Pfändung.

74. Pfändung von Akkordlohn ist nur nach Leistung der Akkordarbeit zulässig. Hamburg 28. 1. 07.

XIII. Heimarbeiter.

75. Die Arbeitsordnung gilt nicht (ohne weiteres) für Heimarbeiter. Hamburg* 383.

76. Der Arbeitgeber muß auch die Heimarbeiter ausreichend beschäftigen, andernfalls können sie (auf Grund von § 124⁴ GO.) Entschädigung fordern. Bremen* 296. Dagegen haben sie nach Offenbach,

Wiesbaden und Karlsruhe* 216 keinen Anspruch auf Kündigungsfrist, wohl aber nach Hamburg-Berlin*. Bei teilweiser Beschäftigung keine Kündigungsfrist nach Karlsruhe 9. 7. 02.

77. In der Konfektion muß der Arbeitgeber auch ein nicht originelles Muster bezahlen, wenn er es in seine Kollektion aufgenommen hat. 10. 4. 06 K. 2113. RABl. V 275.

78. Reparaturarbeiter, der wegen Unsicherheit des Einkommens von einem Kaufmann abhängig ist, ist Heimarbeiter, nicht Unternehmer. 16. 5. 05 K. 2. RABl. IV. 367.

Der Kolonnenvertrag.

I. Begriff des Kolonnenvertrages.

1. Die Akkordkolonne ist eine Art Gesellschaft der Kolonnenmitglieder untereinander. Das Bestehen eines Dienstverhältnisses zwischen dem Arbeitgeber und der Kolonne oder den Kolonnenmitgliedern schließt die Möglichkeit dieses Gesellschaftsverhältnisses nicht aus (1246. 06 K. 5. 10. 10. 06). Der einzelne Teilnehmer kann — selbst wenn man ein Gesellschaftsverhältnis nicht annimmt, nur auf Feststellung, Hinterlegung oder Zahlung an die Gesamtheit klagen (ebenso K. 3, 10. 2. 02. Nr. 82 v. Sch. Sch. S. 207 f.), auch Stuttgart 21. 11. 03.

2. Mangels Bestimmtheit liegt eine ungültige Akkordabrede vor, wenn vereinbart ist, daß der Kolonnenführer, ohne die Stundenzahl der

Kolonnenmitglieder zu prüfen, nach Gutdünken den Anteil der Kolonnenmitglieder am Akkordanspruch abschätzt. — Kolonnenmitglieder können nur gemeinschaftlich klagen. Der einzelne kann nur gegen die Kolonne auf Abrechnung und gegen den Arbeitgeber auf Zahlung an die Gesamtheit, Feststellung oder Hinterlegung klagen (1071. 06 — K. 5).

3. Die Natur des Kolonnenvertrages ist nicht lediglich nach dem wirtschaftlichen Effekt, sondern in erster Linie dem aus ihren Erklärungen und Handlungen zu entnehmenden Willen der Parteien zu beurteilen (946/47 04 K. 3 v. 13. 9. 04). Diese Erklärungen werden aber erst unter Berücksichtigung der wirtschaftlichen Umstände verständlich und ergeben oft eine dem gebrauchten juristischen Ausdrucke widersprechende Parteiabsicht (ebenda; ähnlich 1336/03 K. 3 und LG. Berlin in der Berufungsinstanz vom 2. 11. 04, anders LG. bei Unger S. 21).

4. Der einzelne Kolonnenarbeiter kann auf Zahlung seines Anteils erst klagen, nachdem ihm sein Anteil von der Kolonne überwiesen ist (1397/04 K. 5 v. 23. 2. 05).

5. Das GG. ist für solche Klagen (zu Nr. 4) zuständig. Wegen der Zuständigkeit vgl. auch Nr. 8, 39.

6. Eigentümlicher Gruppenakkord von über 100 Arbeitern eines Messingwalzwerkes. Die neueintretenden Gruppenmitglieder erhalten während der ersten 14 Tage Zeitlohn, dann neben dem Zeitlohn Akkordzuschlag für alle von der dritten Woche ab als fertig abgenommene Ware, also auch für solche, die beim Eintritt in die Kolonne schon halb fertig war, an der sie bis dahin nicht mitgearbeitet haben. Entsprechend

erhält jeder aus dem Akkord Ausscheidende den Akkordzuschlag für alle bis zu seinem Austritt fertiggestellte Ware, nicht aber für die alsdann erst angefangene Ware. Die Gruppe erhält auch sogenannte Produktionsvorschüsse, die später allen Arbeitern angerechnet werden, gleichgültig, ob sie Anteil an dem Vorschuß erhalten haben oder nicht. Der Akkord der Gruppenmitglieder geht auf Lieferung fertiggestellter Ware. Nur für diese können sie Akkord verlangen. Sie verlangen daher Zeitlohn für die vor der Lösung des Dienstverhältnisses halb fertiggestellte Ware.

Die Abmachungen sind schwer mit der Gewerbeordnung und dem Lohnbeschlagnahmegesetz in Übereinstimmung zu bringen. Der Arbeiter fordert seinen ganzen verdienten Lohn am Sonnabend. Ist er dann schon fällig, so kann er erst am folgenden Tage verzichten. Ist er nicht fällig, so kann er ihn erst nach seiner Entlassung fordern. Liegt eine gültige Bedingung der Art vor, daß der Arbeiter nur für die Ware Akkordlohn erhält, die bis zur Entlassung ganz fertiggestellt ist? Selbst dann, wenn er bereit wäre, seine Arbeit noch ganz fertig zu stellen? Unzulässig ist die Abrede, daß der Arbeiter sich einen Produktionsvorschuß anrechnen lassen muß, den er nicht erhalten hat, selbst wenn die Arbeiter einen Schaden dabei nicht leiden. Das ist keine Bezahlung der Löhne in bar.

Es wird versucht, die Abmachung so zu konstruieren, daß im Akkordlohn bezahlt wird, und zwar für alle fertigen und halbfertigen Waren. Die Höhe dieses Akkordlohnes wird aber nach der von vornherein getroffenen Vereinbarung nur nach Maßgabe der fertiggestellten, ohne Berücksichtigung der halbfertigen Ware gezahlt. Das Quantum des gelieferten Ganzfabrikats soll danach nur der Maßstab für die Bezahlung des gesamten Halb- und Ganzfabrikates sein.

Vom Rechtsstandpunkt läßt sich gegen eine solche Konstruktion nichts einwenden. Sie wird aber Arbeitern schwerlich verständlich sein, und daher wird es schwierig sein, nachzuweisen, daß die Vereinbarung tatsächlich so getroffen ist. Damit wird die Durchführung eines solchen Gruppenakkords unmöglich.

7. Übertragung sämtlicher Arbeiten eines Betriebes, auch solcher, die nur von einem einzelnen Arbeiter ausgeführt werden, vom GG. Berlin nicht als sittenwidrig angesehen. (Doch besteht die Möglichkeit, bei Ausartung dieses Systems eine Verletzung der guten Sitten anzunehmen.)

8. Kolonnensystem mit den Lohnsicherungsbestimmungen der Gewerbeordnung nicht vereinbar, aber doch zulässig. 19. 11. 08 K. 5. 1344.

9. Bei gemeinsamem Akkord haftet jeder Arbeiter für die Fahrlässigkeit des anderen. § 431 BGB. 17. 7. 05 K. 3. 916. RArbBl. V 274. 21. 5. 08. 529 K. 5.

10. Die Leistungen der Kolonnenmitglieder im Baugewerbe sind vertretbar (K. 3; 5. 4. 00; S. 210 v. Sch. Sch.).

11. Bei gemeinsamem Akkord mehrerer Unterkolonnen unter einem gemeinschaftlichen Kolonnenführer haben diese keinen Anspruch auf gesonderte Abrechnung gegen den Arbeitgeber. 12. 2. 06 K. 3. RArbBl. IV 860.

Es ist zulässig, an Stelle eines Gruppenakkordes

nachträglich mit dessen Mitgliedern Einzelakkorde zu vereinbaren. 27. 6. 07 K. 5. 728. Nach Hamburg 15. 8. 07 ist der Gruppenakkord ein einheitliches Ganzes. — Das gilt aber nicht für alle Fälle.

II. Selbständige Unternehmer oder Kolonnenführer.

12. Zuständigkeit: Für Klagen selbständiger Unternehmer, welchen ein ganzes Werk in Bausch und Bogen übertragen ist, ist das GG. unzuständig (LGZK. 8., 19. 1. 94, S. 5/93, ZK. 8).

13. Ist ein Arbeiter als Führer einer im Gesamtakkord arbeitenden Kolonne anzusehen, so ist das GG. zuständig für Klage dieses Arbeiters gegen den AG. (K. 3 v. 20. 11. 95 u. 21. 16. 94).

14. Der sog. Kolonnenführer (erster Arbeiter einer in Gruppen aktiv tätigen Mehrheit von Arbeitern, Akkordant) ist zwar regelmäßig als Arbeiter, nicht als Unternehmer anzusehen (er ist zumeist nur Sprecher und Geschäftsführer der Kolonne, ev. auch Beauftragter des Arbeitgebers). Dagegen wird er zum Unternehmer, wenn er über mehrere Bauten gleichzeitig verakkordiert, nicht oder nur vorübergehend mitarbeitet, besonderen Gewinn bezieht und Gerüste usw. selbst stellt (K. 3 v. 28. 8. 01 Nr. 624 und vom Berufungsrichter bestätigt, RArbBl. 1903 Nr. 2 S. 138). Vgl. 21. 2. 95 K. 5. 65.

15. Hat ein Arbeiter als selbständiger Subunternehmer Arbeiten in Generalentreprise übernommen und andere Arbeiter engagiert, so haben sich diese wegen ihrer Lohnforderungen an den ihnen gegenüber als selbständig dastehenden Subunternehmer zu halten, auch wenn dieser Dienst als gewöhnlicher Arbeiter tut (456/95, K. 3, 3. 5. 95).

LG. Berlin S. 74/94 v. 27. 3. 95 ZK. 8. LG. Berlin I v. 23. 1. 95 ZK. 8. Nicht der wirtschaftlich unselbständige Maurerpolier, sondern der eigentliche Arbeitgeber, welcher Polierlohn zahlt, ist den Arbeitern gegenüber verpflichtet 2320 94, K. 3, 8. 1. 95. 30. 10. 94, K. 3. Unger 17. Vereinbarung, daß Löhne nicht vom Arbeitgeber, sondern von einem wirtschaftlich schwachen Dritten zu zahlen sind, nach Hamburg 25. 5. 08 sittenwidrig, nach 18. 7. 94, K. 3, unter Umständen Scheinvertrag. Nach dem Urteil v. 8. 1. 95, K. 3, welches wohl nicht haltbar ist, haftet der eigentliche Bauunternehmer, selbst der Geldgeber, wenn die Ausführung eines Baues einem wirtschaftlich Schwachen übertragen wurde. Vgl. auch Stettin 25. 6. 03, 15. 6. 04 Hamburg 12. 10. 03. GG. u. K. 6 u. 44. Breslau 24. 11. 04; 2. 3. 06; Posen 19. 10. 06; GG. u. KG. XIII. 363—367. Der Eindruck, daß jemand nicht Arbeitgeber sei, kann nicht entscheiden, wie Stuttgart 28. 6. 06 GG. u. KG. XIII 364 annimmt. Dieses Urteil wurde vom Landgericht abgeändert.

16. Der Kolonnenführer ist nicht Arbeitgeber, wenn der Bauunternehmer die Arbeiter zur Krankenkasse anmeldet, Versicherungsmarken klebt, die zur Ausführung der Arbeit notwendigen Hilfsmittel (Schablonen, Zeichnungen) gibt (605 98, K. 3 v. 27. 6. 98), wenn er ebenso Lohn wie die anderen, höchstens nur einen Zuschlag für seine besonderen Mühewaltungen erhält 2. 7. 94, K. 3, 130.

17. Direkte Lohnzahlung durch den Geldgeber, statt durch denjenigen, der den Vertrag mit den Kolonnenarbeitern geschlossen, macht den Geldgeber nicht zum Arbeitgeber (dagegen LG. I. v. 30. 6. 96 i. S. Jnn u.

Gen. ca. Glanz). Wenn jedoch der Vertragschließende selbst als Arbeiter mit zu arbeiten anfängt und der Geldgeber die Versicherungsbeiträge und den Lohn an die Arbeiter zahlt, so wird der Geldgeber Arbeitgeber (K. 3 v. 21. 6. 97).

18. Den Arbeitern gegenüber ist nicht der Kolonnenführer, der weder Krankenkassenbeiträge zahlt, noch den Gewerbebetrieb angemeldet, auch die Arbeiter nicht in seinem Namen angenommen hat, sondern allein der gemeinsame Arbeitgeber versicherungspflichtig (18. 5. 94 ebenso LG.).

19. Wird der in einer Pauschsumme bemessene Lohn gleichmäßig unter die Mitglieder einer Kolonne verteilt, so ist der Kolonnenführer bei Abschluß des Kolonnenvertrages nur als Vertreter der Kolonne anzusehen, nicht als selbständiger Unternehmer, zumal das Arbeitserzeugnis in das Eigentum des Auftraggebers übergeht. Der Umstand, daß die Kolonnenmitglieder unter sich eine Gesellschaft bilden, schließt ein unmittelbares Arbeitsverhältnis zum Hauptunternehmer nicht aus (LG. Leipzig v. 25. 10. 94).

20. Daraus, daß der Lohn eines Hilfsarbeiters vom Akkordlohn eines Hauptarbeiters (Galvaniseurs) abgezogen wird, folgt nicht, daß der Hauptarbeiter Zwischenmeister und Arbeitgeber des Hilfsarbeiters ist (22. 6. 05, 96 K. 5).

21. Es besteht ein unmittelbares Dienstverhältnis zwischen den Kolonnenmitgliedern und dem Arbeitgeber, der den Akkordvertrag nur mit dem Kolonnenführer, und zwar vor Bildung der Kolonne, abgeschlossen hatte (K. 3, 976/04 v. 13. 9. 04 bestätigt LG.

K. 8 v. 16. 12. 04, vgl. Soz. Praxis 1904 Nr. 5 Sp. 126 29).

22. Der Polier ist Vertreter des Arbeitgebers, der Kolonnenführer Geschäftsführer und Vertreter seiner Mitarbeiter, Widerruf der Vertretungsmacht erfolgt nur durch die Kolonne (K. 3 v. 10. 6. 03, RArbBl. 1. Jahrg. Nr. 8 S. 677). Kolonnenführer ist regelmäßig nicht Arbeitgeber, sondern nur Geschäftsführer der Kolonne (v. SchSch. S. 209 Nr. 82, LG. Berlin I v. 30. 5. 05, K. 8 MG./B.). Hamburg 25. 5. 08. Bevollmächtigter seiner Mitarbeiter (11. 5. 94, K. 3 579/94, durch LG. bestätigt). Dagegen Kolonnenführer als Bevollmächtigter des Arbeitgebers (12. 3. 94. K. 3. 375/94. LGZK. 8 S. 23, 94).

23. Der an Stelle des Akkordanten als Leiter einer Kolonne Eingetretene ist ohne weiteres als Geschäftsführer der Kolonne anzusehen und daher zur Klage namens der Kolonne berechtigt.

24. Keine Haftung des AG. für Entlassungen, die der Kolonnenführer vornimmt (K. 3 v. 5. 6. 03. Nr. 495 RArbBl. I. Jahrg. 589).

25. Anspruch auf Lohn hat der Arbeiter nur dem Arbeitgeber, nicht aber dem Akkordanten, Vorarbeiter gegenüber, der nur in seiner Vertretung den Arbeitsvertrag abschließt (29. 10. 94. N. 991/94. K. 4).

26. Durch Zahlung des Gesamtlohnes an den Kolonnenführer wird der AG. in der Regel auch dem einzelnen Kolonnenmitglied gegenüber befreit (K. 3 v. 29. 1. 94). Dagegen 1. 9. 96 K. 3. 1408, wo die beklagte Firma zur Lohnzahlung verurteilt worden ist, obwohl sie den Lohn bereits an den Kolonnenführer

gezahlt hat. Der Kolonnenführer war Beauftragter des Arbeitgebers (1. 9. 96. 1408/96. K. 3).

27. Die Pfändung der Lohnforderung des Kolonnenführers steht der gemeinsamen Forderung der Kolonne an den Arbeitgeber nicht entgegen. 9. 10. 05. K. 3. 1290.

III. Stellung des Kolonnenführers und der Mitglieder.

28. Der Kolonnenführer ist im Baugewerbe verpflichtet, die erforderlichen Kräfte selbst zu besorgen und kann diese selbst einstellen. (359/04 K. 3 v. 15. 4. 04.)

29. Wenn in keiner Weise ersichtlich ist, wie der Akkordlohn einer Kolonne zu verteilen ist, so kann ein Kolonnenakkord nicht als vorliegend angesehen werden. (1106 06 K. v. 26. 9. 05.)

30. Die Erhöhung des Gruppenakkordlohnes nach ordnungsmäßigem Ausscheiden eines Kolonnenmitgliedes kommt auch dem Ausgeschiedenen zugute.

31. Die Kolonnenmitglieder haben Anspruch auf Beschäftigung bis zur Beendigung der Akkordarbeit. Akkordputzer haben Anspruch auf den durchschnittlichen Tagesverdienst bis zur Beendigung der Akkordarbeit, wenn sie vorzeitig entlassen werden. (K. 3 v. 3. 4. 01; Nr. 188 v. Sch.Sch.)

32. Betrügerische Vorspiegelung von seiten der AG., daß eine Akkordarbeit vorliege, berechtigt den Kolonnenarbeiter nicht zur Forderung eines Akkordlohnes, jedoch zur sofortigen Arbeitsniederlegung (u. Schadenersatzanspruch).

33. Kl. fordert Lohn, weil er acht Tage vor Beendigung der von ihm gemeinschaftlich mit anderen Putzern übernommenen Akkordarbeiten entlassen wurde.

Der Kolonnenführer des Klägers hatte für die Kolonne Kündigungsausschluß anerkannt. Kl. hat hiervon nichts gewußt, auch dem Kolonnenführer keinen Auftrag gegeben. Der Klage ist stattgegeben (K. 3 v. 3. 4. 01 Nr. 188). In einem anderen Falle war ein Akkord mit einem Kolonnenführer vereinbart. Ein Kolonnenarbeiter hatte zwar mehrfach Zahlungen als Abschlag auf diesen Akkord angenommen, gleichwohl ist seiner Forderung von Zeitlohn stattgegeben worden, weil er dem Kolonnenführer keinen Auftrag gegeben, noch den Akkordabschluß tatsächlich genehmigt hat, da ihm die Höhe der vereinbarten Akkordsumme nicht mitgeteilt oder bekannt geworden war (K. 5 v. 15. 8. 1907).

34. Die vom Kolonnenführer angenommenen Kolonnenmitglieder haben Anspruch auf die gesetzliche Kündigung (12. 3. 94 375. 94. K. 3). Wenn aber der Kolonne fortgesetzt Arbeiten übertragen werden, welche nicht zu einem und demselben Termin fertig werden können, so kann jeder Kolonnenarbeiter die Arbeit jederzeit ohne Innehaltung einer Kündigungsfrist niederlegen. (9. 11. 08 K. 5 342.)

35. Wenn gegen Ende einer Kolonnenarbeit nicht mehr für alle Mitglieder der Kolonne die Möglichkeit gegeben ist, an der gemeinsamen Akkordarbeit tätig zu sein, so haben sie dennoch keinen Anspruch, wenn ihnen statt dessen andere Arbeit angeboten wurde. (520/05 5 v. 8. 6. 05.)

36. Es gibt keinen Anspruch auf Nachschuß für vorzeitig aus der Kolonne ausgeschiedene Putzer. (323,1 03 RABl. I Nr. 11 S. 945.)

37. Kündigungsausschlußvereinbarung berührt nicht

die Verpflichtung der Kolonnenarbeiter untereinander. (K. 3 v. 23. 2. 03. Nr. 149. RABl. I Nr. 11 S. 945.)

38. Ein von seinen Mitarbeitern ausgeschlossener Kolonnenarbeiter hat gegen den AG. keine Ersatzansprüche. (K. 3 v. 2. 5. 04. Nr. 439 SozPr. 1904 Nr. 1 Sp. 29.)

39. Einem unbefugt Ausscheidenden kommt nur das zu, was die Kolonne erhalten würde, wenn sie sich bei seinem Ausscheiden auflöste 23. 2. 03. K. 3. RArbBl. I Nr. 149.

40. Wegen mangelhafter Arbeit kann ein Gesellschafter gegen den anderen den Einwand des nicht erfüllten Vertrages erheben. §§ 220 ff. BGB. Jur. Wochenschr. 1900 S. 841. Planck Vorbem. II 2 zum 14. Teil. Stuttgart 21. 11. 03.

41. Der Hauptkolonnenführer haftet den Arbeitern der Unterkolonne für den ordnungsmäßig verdienten Lohn, soweit er letzteren zur Auszahlung vom AG. erhalten, auch wenn er bereits einen von der Gesamtkolonne nicht verdienten Teil des Lohnes dem AG. zurückgezahlt hat. (10. 1. 06. 1951, 05 K. 3.)

42. Der Meister hat darauf zu sehen, daß die Kolonnenmitglieder (beim Anstreichen von Tanks) an richtiger Stelle arbeiten. Hamburg.

IV. Helfer, Hilfsarbeiter, Hilfskräfte, Ersatzarbeiter.

43. Zuständigkeit des GG. für Klagen der Hilfsarbeiter gegen die Kolonne wird stets angenommen, obwohl streng genommen nur die Kolonnenmitglieder die Arbeit gemeinsam übernehmen.

44. Der Träger einer Putzerkolonne kann, wenn

diese ihren Lohn von dem Arbeitgeber erhalten hat, gegen die Kolonne, sonst nur gemeinsam mit der Kolonne gegen den AG. klagen. (15. 2. 97 K. 3 19/97.)

45. Die Zahlung einer Sonderzulage an den Träger einer Putzerkolonne ist nicht üblich, doch kann sie vereinbart sein. (7. 2. 06. 126/06. 3.)

46. Auswahl von Helfern für die Akkordarbeiter steht dem Arbeitgeber zu. Er darf aber durch die Auswahl der Helfer die Arbeiter nicht schädigen und muß z. B. die Mehrkosten tragen, wenn er dem Akkordarbeiter statt vereinbarungsgemäß nur einen Lehrling einen teureren Gehilfen zuteilte. (15. 9. 04. 848/05 K. 5.)

47. Der Arbeitgeber hat kein Recht, neben dem Arbeiter, welchem er eine Akkordarbeit übertragen hat, einen zweiten Arbeiter an dem Akkord zu beteiligen. Der erste Arbeiter kann die Arbeit verweigern, wenn er sie nicht allein ausführen darf. (2. 2. 97. 97/97 3.)

48. Es ist in Berlin ortsüblich, daß Rohrleger in Akkord arbeiten und ihren im Tagelohn arbeitenden Helfern vom Überschuß bis zu ein Drittel abgeben. Ein Ortsgebrauch, daß dies Drittel vom Arbeitgeber einbehalten und dem Helfer bezahlt wird, besteht nicht. (22. 4. 04. 390/04 3.) Nach Bestimmung einer Arbeitsordnung steht dem Helfer eines Heizungsmonteurs ein Viertel des Akkordüberschusses, d. h. des Unterschiedes zwischen dem abschläglich nach Maßgabe der geleisteten Arbeitsstunden gemachten Vorschüsse und dem nach dem Aufmaß sich ergebenden Gesamtakkordlohne zu. (1448/04 K. 5 v. 9. 2. 05.)

49. Die Kolonne ist — im Baugewerbe — ermächtigt,

namens des Arbeitgebers Hilfsarbeiter anzunehmen, falls überhaupt solche angenommen werden sollen.

50. Das Arbeitsverhältnis der Hilfsarbeiter ist beendet mit dem Arbeitsverhältnis der Kolonne. (K. 3. 4799. Nr. 514.) Sonst haben sie Anspruch auf gesetzliche Kündigung. (v. Sch. Sch. S. 213.)

51. Der Lohn der Träger geht zu Lasten der Putzerkolonne. Der Träger hat keine Forderung gegen den AG. (K. 3 v. 21. 7. 02. Nr. 529; S. 214 Sch. Sch.). Dagegen: Der Arbeitgeber bleibt den Helfern verpflichtet, ist aber berechtigt, den Lohn vom Kolonnenakkord in Abzug zu bringen. (Abkommen zwischen Berliner Baugewerbetreibenden und Putzern v. Sch. Sch. S. 213.) Rohrlegerhelfer erhalten nach Berliner Ortsgebrauch ein Drittel vom Überschuß, mögen sie vom Rohrleger oder vom Arbeitgeber eingestellt sein. (K. 3 v. 3. 11. 02. Nr. 962; v. Sch. Sch. S. 216.)

52. Der Helfer ist im Zweifel nicht Gesellschafter der Kolonne. Die Kolonne haftet aber regelmäßig für sein Verschulden. 4. 7. 07 K. 5. 775.

V. Rechtsverfolgung. Teilung.

53. Der von einer Kolonne verdiente Lohn kann nur von der Gesamtheit und dem Kolonnenführer als deren Geschäftsführer eingeklagt werden. (16. 2. 06. 305 GG. 306. 1097 03 III v. 11. 11. 03.) Berechnung und Verteilung des Akkordlohnes an die Kolonnenmitglieder ist Sache der Kolonne oder des Führers. Die Kolonne kann nicht auf die Einzelanteile, sondern nur auf den Gesamtbetrag klagen.

54. Die Zusicherung eines Minimallohnes ist

aus geleisteten Abschlagszahlungen nicht zu folgern. (K. 3 v. 10. 2. 02 Nr. 82; v. Sch. Sch. S. 207.)

55. Die Teilung des Kolonnenakkordlohnes erfolgt in der Regel nach der von den einzelnen aufgewendeten Arbeitszeit. (v. Sch. Sch. S. 215, K. 3 v. 13. 2. 00. Hamburg 18. 3. 07 GG. u. KG. XIII. 32.) Arbeiter, die eine gemeinsame Arbeit übernommen haben, brauchen untereinander den Verdienst nicht in bar zu teilen; sie können Verrechnung durch Naturalien, Wertmarken u. dgl. vereinbaren. (K. 3 v. 1. 2. 00; v. Sch. Sch. S. 216—217.) Bei Teilung des gemeinschaftlich verdienten Akkordlohnes müssen die Arbeiter untereinander die Aufrechnung von Gegenforderungen zulassen (Auslagen, z. B. des Kolonnenführers für Speisen und Getränke, sind jedoch nur erstattungsfähig, wenn sie dem Willen oder dem Interesse der Mitarbeiter entsprechen. (§ 683 BGB. K. 3 v. 11. 4. 09.)

(Anm. Wenn man die Kolonne als Vertreter des AG. bei der Lohnverteilung ansieht, so greift das Truckverbot Platz. § 394 BGB., § 115 GO. und das Lohnbeschlagnahmegesetz kommen nicht in Frage, wenn der AG. als Vertreter der Kolonne bei der Verteilung fungiert. Eine Frage ist, ob er überhaupt nachträglich gültig über die Verteilung mit der Kolonne kontrahieren kann.)

Sachregister.

(Die Zahlen bezeichnen die Seiten.)

A.

B.

J. Guttentag, Verlagsbuchhandlung, G. m. b. H. in Berlin W. 35.

Der Akkordvertrag und der Tarifvertrag.

Eine Darstellung zweier Vertragsarten aus dem modernen Wirtschaftsleben.

Von

Paul Wölbling,

Magistratsrat in Berlin.

gr. 8°. Preis 10 M., gebunden 11 M.

(Kreuzzeitung), Nr. 257, 5. Juni 1909.

Die vorliegende gründliche Studie verdankt einem von dem Verfasser für den deutschen Juristentag von 1906 erstatteten Gutachten ihre Entstehung. Nachdem der Juristentag in Übereinstimmung mit diesem Gutachten eine gesetzliche Regelung der wirtschaftlichen Vertragsformen als wünschenswert bezeichnet hatte, bot sich ein dankbares Feld für die gründliche Behandlung der hier in Betracht kommenden juristischen Fragen. Dem Verfasser ist es auf Grund seiner Studien und praktischen Erfahrungen am Gewerbegericht gelungen, mit seinem Buche sowohl der Wissenschaft wie der Praxis einen guten Dienst zu leisten. Der Verfasser beschränkt sich bei der Behandlung des umfangreichen Materials auf die Fälle, in denen ein Dienstvertrag vorliegt unter besonderer Berücksichtigung der gewerblichen Arbeiter. Die gesamten in Betracht kommenden Rechtsverhältnisse werden unter der Judikatur eingehend erörtert. Der Hauptwert der Arbeit, die nach dem Werke von Lotmar wohl die gründlichste Studie auf diesem Gebiete ist, liegt darin, daß die wissenschaftlichen Erörterungen das Ziel ihrer Anwendung stets deutlich erkennen lassen und die Bedürfnisse des praktischen Lebens nicht aus dem Auge lassen. Der Verfasser macht eine Reihe beachtenswerter Vorschläge für die künftige gesetzliche Regelung. Juristen und Laien, die mit den einschlägigen Fragen sich befassen, werden zahlreiche Anregungen aus dem Werke empfangen.

(Monatsschrift d. Handelsk. Düsseldorf), Nr. 17, Juli 1908.

Als eine interessante Bereicherung unserer sozialpolitischen Literatur ist dieses Buch um so mehr zu begrüßen, als es in leicht verständlicher Weise eine übersichtliche und erschöpfende Darstellung des Akkord- und Tarifvertrages gewährt. Wir können dem Verfasser nur zustimmen, wenn er sagt, daß einem Vertrage, der tagtäglich millionenfach abgeschlossen wird, der für Millionen von Deutschen die Grundlage ihrer Existenz bildet und der gleichwohl im BGB. zu stiefmütterlich behandelt, wenn nicht übersehen ist, die Wissenschaft und Rechtsprechung sich selbständig zuwenden müssen.

Unter Berücksichtigung der neuesten gerichtlichen Entscheidungen behandelt der Verfasser eingehend die Rechtsverhältnisse zwischen Arbeitgeber und Arbeiter und gewährt damit dem Juristen wie im besonderen auch dem gewerblichen Interessenten und Volkswirtschaftler ein vorzügliches Hilfsmittel bequemer Orientierung und Belehrung.

J. Guttentag, Verlagsbuchhandlung, G. m. b. H. in Berlin W. 35.

Die Arbeiterfrage.
Eine Einführung.

Von

Dr. Heinrich Herkner,

o. ö. Professor der Nationalökonomie an der Kgl. Technischen Hochschule zu Berlin.

— Fünfte erweiterte und umgearbeitete Auflage. —

gr. 8°. Preis 9 M. 50 Pf., geb. 11 M.

Das Recht der Arbeiterversicherung.

Für Theorie und Praxis systematisch dargestellt

von

Dr. Heinrich Rosin,

Geh. Hofrat, ord. Professor für Staatsrecht und deutsches Recht an der Universität Freiburg i. B.

Band I:

Die reichsrechtlichen Grundlagen der Arbeiterversicherung.

gr. 8°. Preis 18 M. 50 Pf., geb. in Halbfranz 20 M. 50 Pf.

Band II:

Das Recht der Invaliden- und Altersversicherung.

gr. 8°. Preis brosch. 25 M., geb. in Halbfranz 27 M.

Das Invalidenversicherungsgesetz
vom 13. Juli 1899.

Handausgabe

mit Anmerkungen nebst den Ausführungsordnungen der Reichsbehörden und der preußischen Landeszentralbehörden sowie einer Übersicht über die zuständigen Landesbehörden

von

Dr. jur. Richard Freund,

Vorsitzendem der Landesversicherungsanstalt Berlin.

— Dritte vermehrte und verbesserte Auflage. —

8°. Gebunden in ganz Leinen 5 M.

J. Guttentag, Verlagsbuchhandlung, G. m. b. H., in Berlin W. 35.

Bürgerliches Gesetzbuch nebst Einführungsgesetz von Dr. A. Achilles. In Verbindung mit Professor Dr. André, Kammergerichtsrat Ritgen, Ober-Landesgerichtsrat Strecker, Ministerialrat Dr. Unzner herausgegeben von Geh. Ober-Justizrat Greiff. Sechste Auflage. 8°. 1909. Geb. 6. M. 50 Pf.

Zivilprozeßordnung mit Gerichtsverfassungsgesetz, nebst der neuesten Novelle im Anhange. Unter besonderer Berücksichtigung der Entscheidungen des Reichsgerichts herausgegeben zunächst von R. Sydow. Fortgeführt von L. Busch. Elfte Auflage. 8°. 1909. Geb. in ganz Leinen 6 M.

Reichsgewerbeordnung nebst Ausführungsbestimmungen. Von Berger und Wilhelmi. Siebzehnte Auflage bearbeitet von Oberverwaltungsgerichtsrat H. Spangenberg. Mit Nachtrag: enthalt. Novelle **„Kleiner Befähigungsnachweis“** vom 30. Mai 1908. Von Geh. Oberregierungsrat Spielhagen. Geb. 3 M. (Nachtrag apart 30 Pf.)

Gewerbegerichtsgesetz. Von Stadtrat L. Mugdan. Sechste Auflage bearbeitet von W. Cuno, Erstem Bürgermeister zu Hagen i. W. Geb. in ganz Leinen 2 M. 20 Pf.

Bau-Unfallversicherungsgesetz. Vom 30. Juni 1900. Von R. Chrzescinski, Kaiserlicher Regierungsrat. Dritte Auflage. Geb. in ganz Leinen 2 M.

Druck von C. Schulze & Co., G. m. b. H., Gräfenhainichen.

J. Guttentag, Verlagsbuchhandlung, G. m. b. H. in Berlin W. 35.

Sozialpolitische Gesetze

herausgegeben von

Dr. E. von Woedtke,

Wirkl. Geh. Rat, weil. Direktor im Reichsamt des Innern.

Text-Ausgaben mit Anmerkungen und Sachregister. Taschenformat.

Krankenversicherungsgesetz. Elfte Auflage, bearbeitet von Dr. G. Eucken-Addenhausen, Geh. Regierungsrat und vortragender Rat im Reichsamte des Innern. Geb. in Leinen 3 M.

Eine neue Auflage des großen Kommentars ist in Vorbereitung; das Erscheinen derselben jedoch abhängig von der Publikation einer noch in Aussicht stehenden Novelle.

Gewerbe-Unfallversicherungsgesetz und Gesetz betr. die Abänderung der Unfallversicherungsgesetze vom 30. Juni 1900 in der Fassung der Bekanntmachung vom 5. Juli 1900 nebst Ausführungsverordnungen. Achte, neubearbeitete Auflage von Franz Caspar, Direktor im Reichsamt des Innern. Geb. in Leinen 2 M. 50 Pf.

Invalidenversicherungsgesetz vom 13. Juli 1899 mit Ausführungsbestimmungen. Zehnte umgearbeitete Auflage. Herausgegeben vom Regierungsrat H. Follmann. Geb. in Leinen 4 M.

Unfallversicherungsgesetz für Land- und Forstwirtschaft vom 30. Juni 1900 nebst dem Hauptgesetz, den zugehörigen Landesgesetzen, Kaiserlichen Verordnungen und Ausführungsbestimmungen von A. Radtke, Kaiserl. Geh. Regierungsrat, Senatsvorsitzender im Reichsversicherungsamt. Zweite (der neuen Bearbeitung erste) Auflage. Geb. in Leinen 4 M. 50 Pf.

C. Schulze & Co., G. m. b. H., Gräfenhainichen.

FSC
www.fsc.org
MIX
Papier | Fördert
gute Waldnutzung
FSC® C083411

Kolibri 360 GmbH
Ferdinand-Jühlke-Straße 7
99095 Erfurt, Deutschland
produktsicherheit@kolibri360.de